Couverture inférieure manquante

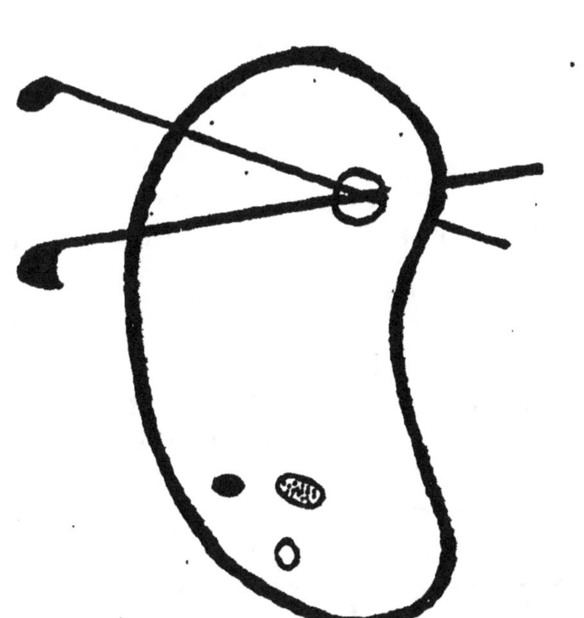

DEBUT D'UNE SERIE DE DOCUMENTS EN COULEUR

CHOIX

DE

TEXTES ÉGYPTIENS

TRADUITS EN FRANÇAIS

PAR A. MASSY

AVOCAT

GAND

LIBRAIRIE ENGELCKE | IMPRIM. WAEM-LIENDERS
RUE DES FOULONS, 24. | DIGUE DE BRABANT, 18.

1886

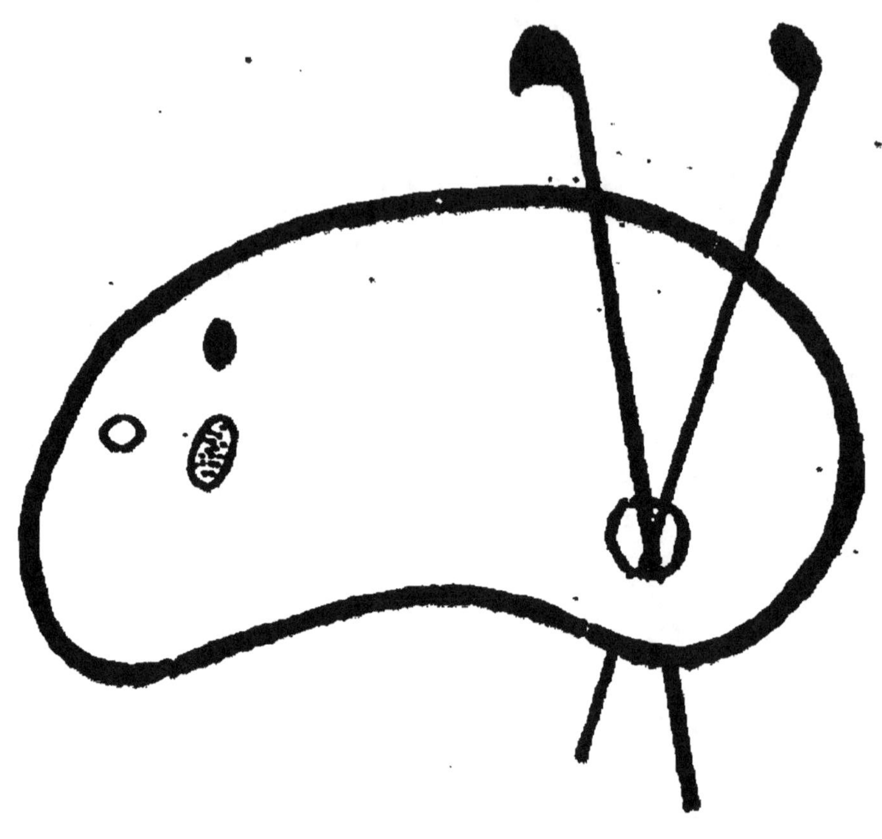

FIN D'UNE SÉRIE DE DOCUMENTS
EN COULEUR

CHOIX
DE TEXTES ÉGYPTIENS.

CHOIX

DE

TEXTES ÉGYPTIENS

TRADUITS EN FRANÇAIS

PAR A. MASSY

AVOCAT

GAND

LIBRAIRIE ENGELCKE | IMPRIM. WAEM-LIENDERS
RUE DES FOULONS, 24. | DIGUE DE BRABANT, 18.

1886

INTRODUCTION.

—

A l'exception du genre dramatique, qui semble bien lui avoir été entièrement et toujours étranger, l'Égypte ancienne a connu tous les genres de littérature et nous en a laissé des spécimens plus ou moins remarquables. Les plus importants ont été déjà traduits, mais il en reste encore beaucoup qui gisent disséminés de part et d'autre dans les recueils de textes et méritent pourtant l'honneur d'une traduction. J'ai fait choix d'un certain nombre des plus intéressants de ces textes pour en former le petit recueil que je livre aujourd'hui à la publicité.

Je me suis attaché à ranger les documents que j'ai traduits dans un ordre logique, de façon à ce que leur lecture permette à toute personne de se faire une idée suffisante de ce qu'a été la littérature de l'antique Égypte.

I.

Le premier document que j'ai interprété est un passage du Todtenbuch ou Rituel funéraire. On a donné ce nom à un recueil de prières dont on déposait un exemplaire plus ou moins complet dans les sépulcres. Cet ouvrage avait pour but de guider le défunt dans les labyrinthes des voies d'outre-tombe et de l'instruire des formules qu'il devait connaître pour conjurer les divinités malfaisantes qui s'y trouvaient, pour se concilier les divinités bienfaisantes et surtout pour triompher au jugement devant Osiris, le roi de l'enfer, qui, assis sur son trône et assisté de 42 assesseurs, décidait si le défunt é.ait digne de la béatitude ou de la damnation éternelles.

D'après LEPSIUS ce livre se compose de formules imaginées à différentes époques et assemblées en trois recueils réunis à leur tour en un seul. Le passage que j'ai traduit serait d'après lui le premier chapitre du second recueil. Il forme les chapitres XVII et XVIII du recueil définitif. Il se compose de deux parties, la 1re (ch XVII) a pour but d'instruire le défunt de ce qu'il doit savoir dans l'interrogatoire devant Osiris, la 2de (ch. XVIII) est une prière à Thot pour obtenir son assistance lors de ce moment critique.

Cette seconde partie est tellement mutilée dans le texte du 1er sarcophage de Mentuhotep, que je donne ci-dessous le passage correspondant du 2me sarcophage de ce personnage (Aelteste texte des Todtenbuchs, pl. 19):

« Thot fait que la parole d'Osiris est jugée juste

contre ses adversaires. Qu'il fasse que l'Osiris Menlu-
hotep triomphe par sa parole de ses adversaires (¹)

Devant les grands divins chefs qui sont à Mendès
cette nuit de l'érection du Dud à Mendès (²); devant
les grands divins chefs qui sont à An, cette nuit du
combat et du renversement (des coupables); devant les
grands divins chefs qui sont à Sekhem (?) cette nuit des
choses (sur l'autel à Sekhem?); devant les grands divins
chefs de Depu, cette nuit d'établir Horus héritier de son
père; devant les grands divins chefs qui sont à Abydos
cette nuit de la fête Haker à An, du compte des morts,
des chemins des morts, cette nuit du compte de ceux qui
ne sont plus; cela c'est le grand labourage de la terre
à An-roud-ef. »

Ce texte mérite d'être comparé au chapitre correspondant dans l'exemplaire d'Auf-ankh publié par
Lepsius et qui sert de type. Il permet de voir combien
la rédaction primitive s'était amplifiée à la longue.
C'est pour permettre ce rapprochement que je repro-
duis deux versets du texte d'Auf-ankh : (ch. 18).

l. 1. O Thot qui fais être trouvée vraie la parole
d'Osiris contre ses ennemis, fais trouver vraie la
parole d'Osiris Auf-ankh contre ses ennemis comme
tu fais trouver vraie la parole d'Osiris contre ses
ennemis

l. 2. devant les grands divins chefs de Râ, devant
les grands divins chefs d'Osiris, devant les grands
divins chefs d'An cette nuit des

(¹) C'est à dire que sa parole soit trouvée vraie quand il se
disculpe devant Osiris des fautes qu'on lui reproche, par con-
séquent qu'il soit jugé digne d'être parmi les élus.

(²) Notre texte porte Abydos, mais il y a ici une faute du
scribe, car tous les autres manuscrits portent Mendès.

l. 3. choses sur l'autel, ce jour du combat et du garrottement des coupables, ce jour de l'anéantissement des ennemis du seigneur suprême. Les grands divins

l. 4. chefs d'An sont Toum, Shou et Tefnout : les garotteurs et les anéantisseurs des compagnons de Set sont en eux qui ont renouvelé la violence qu'ils avaient faite.

l. 5. O Thot qui fais être trouvée vraie la parole d'Osiris contre ses ennemis, fais être trouvée vraie la parole de l'Osiris Auf-ankh contre ses ennemis, comme tu fais

l. 6. être trouvée vraie la parole d'Osiris contre ses ennemis, devant les grands divins chefs d'Abydos cette nuit de la fête Haker

l. 7. où l'on compte les morts, où l'on juge les mânes, où l'on fait l'appel du compte des morts. Les grands divins chefs

l. 8. d'Abydos sont Osiris, Isis, Nephthys et le guide des chemins. »

Le texte continue de cette manière monotone pendant huit versets encore et ce chapitre 18 est suivi de deux autres analogues, mais plus courts.

II.

A la basse époque le Todtenbuch avait été remplacé par des abrégés en qui contenaient des passages remaniés. C'est un abrégé de cette espèce qui fait le sujet de la Stèle C. 120 du Louvre, publiée par Mr PIERRET. Mr BIRCH a publié un Papyrus d'Edimbourgh contenant une autre version de ce texte dans les Proceedings of the society of biblical archæology n° du 3 Février 1885. La comparaison des deux versions m'a permis de traduire ce document. Pour le comprendre il faut se rappeler que parmi les plus redoutables adversaires que le défunt avait à combattre dans l'autre monde figuraient des serpents, notamment Apophis. On sait aussi que pour leur échapper il fallait triompher au jugement devant Osiris. Ceci posé notre texte devient clair; il se compose de deux parties. Dans la 1re le défunt implore Osiris pour qu'il le délivre des serpents malfaisants. Dans la 2de Osiris lui répond en ordonnant « qu'on lui donne des choses brillantes, » (litt. le Khou, l'état de Khou, l'éclat, la félicité céleste), de pourcourir les . . . . (ici un mot inconnu, mais se rattachant sans doute au mot stau sentiers), qu'il dévore les serpents, etc. »

Horus, qui figure toujours sur la vignette représentant la scène du jugement, va au défunt lui porter la sentence d'Osiris. Alors le ciel se met en fête pour le recevoir Il devient un bienheureux et est assimilé à la divinité. Lui, c'est le soleil, c'est la lune, etc.

III.

Le livre de ce qui est dans l'Ament a déjà été étudié par Théodule Devéria et Mr Pierret d'après les manuscrits du Louvre (') Il se compose d'une série de douze vignettes avec légendes et d'un texte suivi. C'est ce dernier que j'ai traduit d'après le Papyrus de Turin

(') Th. Devéria. Catalogue des manuscrits du musée égyptien du Louvre, p. 15-48.

Pierret. Inscriptions inédites du Louvre, tome 1er p. 103-147.

publié par Mr R. V. Lanzone, sous le titre de *Domicile des esprits*, afin de permettre la comparaison avec le manuscrit du Louvre.

Les Égyptiens se figuraient le pays d'outre-tombe, celui que parcourait le soleil pendant la nuit, comme une série de douze régions, correspondant aux douze heures nocturnes. C'est à la description de ces douze régions qui est consacré le *Livre de ce qui est dans le monde inférieur*. Ce que j'en ai traduit suffira pour s'en faire une idée assez complète.

IV.

L'hymne funéraire au soleil que contient le tombeau du prince Hor-em-heb ne demande pas beaucoup d'explications. C'est une prière que le défunt adresse au soleil pour obtenir la félicité éternelle. On remarquera le changement de personne : le défunt parle tantôt à la 1re personne, tantôt de lui-même comme s'il était un tiers : c'est un usage général en Égypte, de sorte qu'il n'y a pas lieu de s'arrêter à cette particularité.

La stèle d'Antef et celle de Pa-Râ-Usemf, (le soleil est à sa droite) ne demandent pas non plus beaucoup d'explications. Ils montrent la différence qu'il y avait entre les inscriptions funéraires sous le moyen et sous le nouvel empire.

V.

La traduction que je donne du Papyrus de Leyde 1,348 ne peut être regardée que comme un simple essai. Le texte est en effet d'une très-grande difficulté, car il est tracé d'une écriture cursive et contient des signes qui me sont inconnus. Telle qu'elle est, cette traduction permettra de se faire une idée des pratiques superstitieuses de l'ancienne Égypte. Le premier texte devait être récité sur une bandelette de toile sur laquelle on avait dessiné une vignette représentée sur le Papyrus; après quoi on suspendait cette bande de toile à son cou et elle servait d'amulette. La seconde formule est destinée à préserver des brûlures. Il en est de même de la troisième, mais si j'ai bien compris, pour qu'elle eût toute son efficacité, il fallait préparer un mélange composé d'une certaine graisse et de certaines graines et le jeter sur le feu. Des recettes de cette espèce sont fréquentes dans les Papyrus médicaux et peut-être s'agissait-il ici d'un feu dans les membres, d'un échauffement; le mot qui indique où est le feu m'est malheureusement inconnu.

VI.

Par poésie, quand il s'agit de l'ancienne Égypte, il faut entendre quelque chose d'assez différent de ce que ce mot désigne chez nous. La rime et le rhythme étaient inconnus dans la haute antiquité orientale, mais il y existait cependant une sorte de poésie résultant du paralellisme des phrases, de l'égalité des membres de celles-ci. Les deux textes de cette nature que j'ai traduits permettent de se rendre compte de ce genre de poésie. Il y aurait lieu de consacrer à ce sujet une étude spéciale, mais elle ne serait pas à sa place ici.

VII.

Des quatre textes historiques que j'ai traduits, les trois premiers ne demandent pas de longues explications. Le premier, celui de la route d'Assuan à Philæ est relatif à une révolte de l'Ethiopie contre le roi Amenophis III et à la victoire qu'il remporta sur les rebelles.

L'inscription de Silsilis est destinée à perpétuer le souvenir de l'institution d'une fête bisannuelle en l'honneur du Nil, par Ramsès II. Elle débute par la pompeuse énumération de tous les titres du roi, selon la coutume. Puis vient une sorte d'hymne au Nil. Ensuite le roi décide qu'il y aura une fête bisannuelle le 15 Thot et le 15 Epiphi, chaque année. Puis la fin, trop mutilée pour être convenablement traduite, indique ce que le roi ordonnait d'offrir aux dieu du Nou, c'est-à dire de l'eau.

L'inscription de Karnak consacre le souvenir d'une visite faite par le 1er prophète d'Ammon Râ au temple de ce dieu à Thèbes.

Les prêtres inférieurs du temple rendirent hommage à leur supérieur et le prièrent de les recommander auprès du roi alors régnant, Ramsès IX.

Enfin la quatrième inscription, celle du Louvre, très-obscure, me semble se rapporter à une requête présentée par le stoliste d'Ammon-Râ au prince Osarkon, à l'occasion d'une visite de celui-ci à Thèbes. Le stoliste semble s'être plaint de ce que tout en étant né dans le temple, il n'ait jamais pu pénétrer dans le sancluaire. Le prince Osarkon l'y aurait fait entrer avec lui et le stoliste aurait satisfait sa curiosité.

VIII.

Les inscriptions géographiques que nous a laissées l'Egypte sont en nombre très considérable, mais toutes de basse époque et présentant de grandes analogies entre elles. C'est toujours le roi qui fait offrande à l'un ou l'autre dieu des différents nomes de l'Egypte, avec les produits de son sol, ses villes, etc. Il est représenté d'abord debout devant le dieu, lui adressant une prière. Puis vient la liste des nomes avec une formule qui se reproduit toujours la même. « Je t'amène tel nome avec ses produits, la divinité qu'on y adore, etc. » La petite inscription que j'ai traduite suffira pour montrer combien ces textes sont peu intéressants en dehors des renseignements géographiques qu'on y trouve.

IX.

Sur les inscriptions monumentales que j'ai traduites, je n'ai que peu de chose à ajouter. Elles remontent toutes à l'époque ptolémaïque.

La première, celle de l'obélisque de Philæ ne contient guère qu'une longue énumération des titres du roi Ptolémée IX Evergète II. Seule la dernière face mentionne l'érection de ce monument.

La seconde inscription, celle de la septième chambre du couloir autour du sanctuaire à Edfou se rapporte à la consécration de celle-ci par le roi Ptolémée IV Philopator au dieu Horus. Ce dieu est censé lui accorder la victoire et la gloire en récompense de ce travail.

Les deux autres inscriptions d'Edfou, remontant au même règne, sont tout-à-fait dans le même genre; je n'ai rien de bien spécial à dire sur elles.

La première, celle de la troisième chambre du couloir autour du sanctuaire est destinée à perpétuer le souvenir de l'érection d'un monument élevé par le roi Ptolémée au dieu Chons; la seconde, celle de la quatrième chambre, celui de l'érection d'un temple au dieu Horus d'Hudt. Dans les deux cas le roi obtient, en récompense de son travail, la royauté sur les pays du Nord et du Sud, une vie longue comme celle du soleil, etc.

X.

Les deux lettres que j'ai traduites sont toutes deux adressées par un inférieur à son supérieur: aussi commencent-elles par une pompeuse louange de celui-ci, ce qui ne serait assurément pas le cas si c'était le supérieur qui s'adressât à son inférieur. Ces deux textes présentent des difficultés, les deux mots que j'ai traduit en bon état et position étant douteux. J'ai adopté le sens que leur a donné Mr Chabas et que le contexte semble exiger. Ce sont donc des lettres par lesquelles l'inférieur se déclare prêt à agir, mais, dans l'ignorance où il est de ce qu'il doit faire, demande des ordres à son maître.

Je dois ajouter que je ne puis pas absolument garantir l'exactitude de ma traduction, les deux textes étant dans un mauvais état de conservation et tracés d'une écriture très cursive et mauvaise.

XI.

Avant de terminer, je dois encore faire observer que partout où le sens m'a paru douteux, je me suis

attaché à donner une traduction aussi littérale que
possible, même au détriment de la langue : c'est ce qui
explique souvent le décousu de ma traduction.

Gand, le 10 Mars 1886.

§ 1er.

Todtenbuch.

SARCOPHAGE I DE MENTUHOTEP.

(LEPSIUS. Aelteste texte des Todtenbuchs, pl. 1 à 4).

Le fidèle envers Râ, chaque jour, le préposé à la demeure Mentuhotep. Il prononce ce chapitre de sortir du jour dans Kherneter. Voici ce qu'il dit : je suis Toum, je suis seul, je suis Râ dans ses premiers levers, je suis le grand qui se forme lui-même, qui crée (son nom), maître du paout des dieux, qui n'est pas repoussé des dieux. Je suis hier, je connais aujourd'hui, c'est Osiris. Il a été fait un champ de bataille des dieux quand je parlais, c'est celui de l'ouest. Je connais le nom de ce dieu grand qui est en elle. « Louange de Râ est son nom. » Je suis ce grand bennou (vanneau) qui est à On. On est jugé par celui qui existe. Qu'est-ce que cela? C'est Osiris. Ce qui existe, c'est l'éternité avec la pérennité. Je suis Khem à son apparition, j'ai placé la double plume sur ma tête. Qu'est-ce que cela? Ses deux plumes, c'est Horus, vengeur de son père, ses deux plumes ce sont ses deux uraeus, dans la demeure de son père Toum. Je suis dans mon pays, j'arrive dans ma ville. Qu'est-ce que cela? C'est l'horizon de mon père Toum, qui écrase mon mal, qui immole mon ennemi (?), qui éloigne le mauvais. Je me purifie dans ce très-grand bassin qui est dans la ville de Suten. C'est la grande purification, le sacrifice purificatoire des vivants à ce grand dieu qui est en elle. Qu'est-ce que cela? C'est Râ lui-même. Qu'est-ce que ce très-grand bassin qui est à Suten. C'est le bassin de natron de Máât. Je sors du lac, je sais ce qui est dans le lac de Máât. Qu'est-ce que cela? C'est la route par laquelle marche mon père Atoum quand il va vers mon champ d'Aanro. J'arrive à cette terre de Hotep-Tsa, je sors par la porte de T'ser. Qu'est-ce que cela? C'est cette terre des habitants de l'horizon de la chapelle du Nord (?) cette grande porte ce sont les deux battants. Mon père Toum va par elle vers l'horizon de l'est du ciel. — Ancêtres, donnez-moi vos bras, car je deviens l'un de vous. . . . . . . Les dieux ancêtres sont Hu et Sa.

Je suis avec mon père Toum pendant le cours de chaque jour. Je suis le maître de l'œil après la blessure, le jour du combat contre Huai. C'est le combat des Rehus, c'est le jour où Horus a combattu avec Set, quand il lança l'ordure à la face d'Horus, quand Horus saisit les testicules de Set. Est-ce que Thot n'a pas fait cela de ses doigts. J'ai levé ma chevelure dans l'out'a en veillant sur la terre en orage au temps de l'ut'a, au . . . . . . de l'orage dans Neterkher. Le soulèvement de la chevelure en lui, c'est l'œil de Râ, la plume . . . . . . Thauti a soulevé la chevelure en lui. J'ai vu ce soleil né hier contre la cuisse de la vache Mehour, c'est mon œil et le sien et réciproquement. C'est le passage de Râ né hier contre la cuisse de Mehurt, c'est cette image de l'œil de Râ, le matin de sa naissance journalière, et Mehurt c'est l'ut'a, parce que je suis un de ces dieux qui sont à la suite d'Horus. C'est le grand passage de l'un de ces dieux qui sont à la suite d'Horus parlant selon la volonté de son maître. Salut à vous, seigneurs de vérité, divins chefs qui êtes derrière Osiris, qui massacrez les méchants, qui êtes à la suite d'Hotep-Sekh, protégez-moi, car je vous connais. Abattez tous les maux que j'éprouve comme vous avez fait aux sept khous qui sont parmi les suivants du maître de lac. Anubis a fait leur demeure, ce jour de « Arrive là. » Hotep-Sekh c'est Nesert.

Elle est à la suite d'Osiris pour brûler les âmes de ses ennemis. Je connais le nom des sept khous qui sont parmi les suivants du seigneur de nome, dont Anubis fait les demeures en ce jour de « Arrive là. »

Les divins chefs sont Dendaauourrauf, T'h t'h, A q d q d, le taureau qui fait la demeure de sa flamme, celui qui entre à son heure, le rouge qui habite la maison du lin, Aseb qui sort à reculons, celui qui voit dans la nuit et qui amène au jour.

Je suis son âme au milieu de ses jumelles. Son âme au milieu de ses jumelles, c'est Osiris quand il entre à Mendès, trouvant là l'âme de Râ. Voilà que j'embrasse un autre, voilà qu'il y a une double âme. Certes, ses deux jumelles, c'est Horus vengeur de son père avec Horus Xentmerut. Je suis ce grand chat qui coupe le perséa en deux à On, cette nuit de combattre pour abattre les impies et pour anéantir les ennemis du seigneur suprême. Qu'est cela ? Ce grand chat, c'est Râ lui-même. Il est dit chat d'après le dire de Sa. Son nom lui vient de ce qu'il a fait. Le découpage du perséa à On, ce sont les enfants de la rébellion. Le jour de combattre c'est quand ils entrent par la porte; on se bat sur la terre entière, au ciel, sur la terre. Râ dans son œuf, rayonnant dans son disque, se levant à son horizon, formé de son métal, détestant le désordre circulant sur les soulèvements de Shou, qui produit les vents par les feux de sa bouche, qui illumine la double terre de sa splendeur, sauve le défunt de ce dieu mystérieux, dont les sourcils sont les bras de la balance, ce jour de massacrer le mal, de lier les méchants au lieu du supplice, de tuer leurs âmes. Ce dieu mystérieux dont les sourcils sont les deux bras de la balance, c'est Anâf. Je suis sauvé du bras des Arstau, malade . . . . . . que leurs glaives ne me taillent pas en pièces, que je ne tombe pas dans leurs sévices. Les Arustau c'est le chef du Shen, (gardiens amenant les bourreaux) . . . . du supplice. Moi j'ai été intègre sur terre auprès de Râ, j'aborde heureusement auprès d'Osiris. Il arrive que vous êtes grands là, que ne me fassent pas opposition ceux qui sont sur leurs autels, car je suis parmi les suivants du seigneur des choses, conformément aux écrits de Khepra. Je vole comme l'épervier, je glousse comme l'oie, je détruis à jamais comme Nehebka. O seigneur résidant dans la grande demeure, souverain . . . . . ., sauve-moi de la main de ce dieu au visage de lévrier et aux sourcils d'homme qui vit du massacre. Il y a un repli du bassin de feu qui dévore les ombres pour l'enlèvement des entrailles et le rejet des cadavres de celui qu'on ne voit pas. Ce dieu qui a une figure de lévrier et des sourcils d'homme, Mades est son nom, c'est le gardien de la porte dans l'Ament, (c'est le seigneur) des massacres, le seigneur de la maison d'immolation . . . . . . le cœur, il lui a ordonné de régner sur les dieux le jour de (la constitution du monde) en présence du seigneur suprême. L'âme accomplie de Khenensou fournit les aliments et chasse les mauvais principes en parcourant sa route éternelle. Sauve-moi de la main de ce dieu qui saisit les âmes, qui avale les saletés, qui vit d'immondices. Le taureau qui est dans . . . . . . c'est . . . . . . le dieu qui saisit les âmes, qui dévore les saletés, qui vit d'immondices c'est Set, ... le seigneur suprême . . . . pour souiller les ennemis . . . . . . je n'arrive pas à leur lieu de torture, je n'entre pas dans leurs chambres de supplice, je ne m'assoie pas dans leurs chaudières, qu'on ne me traite pas comme les ennemis des dieux, car je suis celui à qui l'on offre le repas du soir en résine dans Tanen. Si le préposé à la demeure Mentuhotep récite ce chapitre il est purifié . . . . il est en bonne santé sur terre, il aborde heureusement auprès (d'Osiris) . . . . le jour . . . . . . le préposé à la demeure Mentuhotep (soit véridique) . . . . . . à An, cette nuit de repousser les impies ses ennemis, devant les grands divins chefs qui sont à Mendès, cette nuit de l'érection du Tat à Mendès, ... devant les grands divins chefs qu' sont à Pa et à Dep, cette nuit . . . . devant les grands divins chefs de la (localité des deux couveuses) cette nuit où Isis se lamente sur (son frère Osiris . . . . . . cette nuit de compter ceux qui ne sont plus . . . . . . devant les divins chefs . . . . devant les divins chefs . . . . j'entre en paix dans l'Ament heureuse, je fais ma route . . . . moi Mentuhotep, véridique et très-dévôt.

§ 2.

STÈLE C. 120 DU LOUVRE.

PIERRET. *Inscriptions inédites du Louvre*, t. 2, p. 3.

Le chef de troupes Horimhotep fils d'Herbast dit :

Salut, ô toi qui es dans le nome de l'occident. Je te connais, je connais ton nom. Sauve-moi de la main des serpents qui sont dans Rosta, vivant des membres des hommes, avalant leur sang; car moi je connais leur nom.

Ordre supérieur d'Osiris, seigneur suprême, dont les retraites et la demeure sont dans les ténèbres.

On lui donne des choses brillantes de parcourir les . . . . . . Il goûte et mange le reptile qui est dans l'Amenti. On entend sa voix, on ne le voit pas. Il est grand à Tatu. Amu-begi a peur de lui, elle va à lui avec l'avis du dieu du billot fatal, elle va à lui comme messagère du seigneur suprême. Horus amène son trône. Le seigneur des protections qui est dans la barque (de Ra) seigneur de la crainte dans l'intérieur du Tiaou lui donne des acclamations. Lui, Horus va à lui avec l'avis : « qu'il entre, qu'il parle, qu'il vole à An. » Les grands se tiennent debout devant lui, ils l'honorent (litt. l'agrandissent). Les dieux seigneurs du billot (ou glaive) lui lèvent les têtes. (') Il rejouit An. Il a saisi le ciel de ses mains, la terre dans son habit. La terre ni le ciel ne lui échappent pas. Lui, c'est Râ, chef des dieux, la lune chef du mois, seigneur élevé au ciel à la néoménie. Il abat ceux qui lui font opposition, ses reptiles sont détruits dans la région de l'occident de l'horizon, il y entre. Il s'allaite à sa mère, elle lui donne le sein à l'horizon.

(') C'est à dire : s'inclinent devant lui.

§ 3.

LIVRE DE CE QUI EST DANS L'AMENT.

Papyrus du musée de Turin publié par R. V. LANZONE. *(Tables VII à XI).*

Commencement du livre guide de l'Ament.
Commencement des ténèbres de la nuit.

Il entre ce dieu grand dans la terre, par la porte de l'horizon de l'ouest. 120 atrou est le circuit de cette station An-per-t-f est le nom des dieux du tiau, Eau du Soleil est le nom de ce premier champ de l'Ament. Celui qui laboure les champs est le nom des dieux qui sont à travers lui, il donne des ordres à faire aux dieux de l'Ament pour ce champ. Cela est fait, cette cérémonie dans les retraites de l'Ament. Ceux qui connaissent cela passent comme le dieu grand lui-même. Les splendeurs sont à lui dans l'habit de vérité multiple. Il brille dans l'Ament heureuse. La destructrice des cœurs des ennemis du soleil est le nom de cette première heure de la nuit, celle où ce grand dieu passe par cette station.

La majesté de ce grand dieu atteint ensuite dans l'urnes un champ. 306 atrou sont la longueur de ce champ, 120 atrou sa largeur. Ames du ciel inférieur sont les dieux qui sont dans ce champ. Celui qui connaît leur nom est près d'eux. Ce grand dieu lui concède un champ auprès d'eux dans l'urnes. Il se tient debout près des dieux qui se tiennent debout. Il s'élève derrière ce grand dieu, il entre en terre; il traverse le ciel inférieur guidant le . . . . . . parmi les Hksau, il s'élève sur le mangeur d'ânes, lorsqu'il est en possession d'un champ. Il mange les aliments contre la barque; la terre lui est donnée sur terre.

Cela est fait aux âmes du ciel inférieur en écriture, en leur forme, à l'occident du ciel inférieur.

Commencement des écrits pour l'Ament.

Ceux qui sacrifient sur terre à leur nom, s'ils honorent un homme sur terre véritablement, des millions de fois, celui-ci connait ces paroles que disent les dieux du ciel inférieur à ce dieu, les paroles qu'ils disent en montant auprès des dieux du ciel inférieur. Il brille sur terre extrêmement.

Le nom de l'heure de la nuit pendant laquelle ce grand dieu passe dans ce champ est : « Le mystère protège le seigneur des dieux du ciel inférieur. »

La majesté de ce grand dieu atteint ensuite ce champ des dieux Perau; ce dieu grand manœuvre les avirons dans les eaux d'Osiris. 309 atrou sont la longueur du champ où ce dieu grand manœuvre les avirons, commande à ceux qui sont à la suite d'Osiris vers cette localité; il leur concède des terres dans ce champ. Ames mystérieuses est le nom des dieux qui sont dans ce champ. Celui qui connut leur nom sur terre, s'élève vers le lieu où est Osiris; l'eau lui est donnée dans ce champ. Eau du seigneur unique, qui produit les provisions est le nom de ce champ, qui a été fait comme place de passage mystérieuse pour les âmes mystérieuses dans cette image qui est en écriture dans l'Ament du ciel inférieur.

Commencement des écrits pour l'occident.

Osiris brille sur terre dans Kherneter extrêmement, les connaissant il s'élève vers eux. Eux l'admettent dans leurs réjouissances; il ne tombe pas dans leur fournaise. S'il les connait il est comme le gardien de la demeure qui . . . . de Râ. S'il les connait il est comme l'âme brillante qui se tient debout sur ses jambes, n'entre pas dans le lieu de l'anéantissement (goutant ?) les souffles à son heure.

Le nom de l'heure de la nuit où ce grand dieu passe par ce champ est : « Coupeurs des âmes du ciel inférieur. »

Ce dieu grand atteint ensuite au moyen de halages cette région mystérieuse de l'occident, où on fait les images des dieux, en paroles, sans qu'il les voie. Le nom de cette région est : « Vie de Khopru. »

Le nom de la porte de cette région est : Mystère des halages. La connaissance de ce passage est le chemin des mystères de Ro-sta, la voie de l'Amch.

Les portes cachées enterre, c'est Sokar sur ses sables, donnant les pains aux vivants dans le temple de Toum. La connaissance de cela, c'est de la route (moyen) de parcourir les chemins de Rostau, de voir les aspects dans l'Ameh.

Le nom de cette heure de la nuit où ce dieu grand passe est « grande par ses possessions. »

Ce dieu grand est halé sur les routes de vérité du ciel inférieur dans la partie supérieure de la région mystérieuse de Sokari, seigneur de ses sables. On ne voit ni entend cet aspect mystérieux de la terre avec les chairs de ce dieu ; les dieux qui sont avec ce dieu écoutent les paroles du soleil. Il adore (?) devant ce dieu.

Le nom de la porte de cette localité est « Station des dieux. »

Le nom de la région de ce dieu est « Ament. »

Les voies secrètes de l'ouest du ciel sont la porte de l'Ament.

La terre de Sokari n'est pas organisée. Chairs, membres, corps sont dans les premières formes.

Le nom des dieux qui sont dans cette région est « Ames du ciel inférieur. » Leurs métamorphoses ont lieu à leurs heures.

On ne connait pas, ou ne voit pas, on ne regarde pas cet aspect d'Horus lui-même.

Si l'on fait cela, selon cette manière qui est en écriture, dans l'endroit caché du ciel inférieur au sud de la chambre de l'Ament(?), si on sait cela son âme repose et il repose uni à Sokari ; Khemit (la destructrice) ne détruit pas ses cadavres. Il s'avance vers la paix.

On sacrifie à ces dieux sur terre.

Le nom de cette heure de la nuit où ce grand dieu passe vers cette région est « Celle qui passe au milieu de sa barque du ciel inférieur. »

La majesté de ce grand dieu atteint ensuite la profondeur des eaux du ciel inférieur. Il donne des ordres aux dieux qui y sont, il ordonne qu'ils s'emparent de leurs divines offrandes dans cette localité. Il avance comme un chef dans une barque, il leur donne des champs pour les offrandes qu'ils lui donnent ; il leur donne les flots de leurs eaux pour qu'ils s'élèvent le matin de chaque jour.

Le nom de la porte de cette localité est « Munie d'un panneau(?) »

C'est la voie mystérieuse de la région occidentale dans laquelle navigue ce grand dieu dans sa barque pour régler les destinées des dieux du ciel inférieur.

La réunion de leurs noms, le moyen de leurs transformations et leurs heures sont les plus mystérieuses des choses.

Ce genre des mystères du ciel inférieur n'est connu par aucun humain.

Cette cérémonie étant faite comme c'est indiqué, dans l'endroit caché du ciel inférieur au sud de la demeure de l'Ament, celui qui connait cela dans l'ament du ciel inférieur, a les offrandes des dieux qui sont à la suite d'Osiris. Il offre l'offrande à ses dieux sur terre.

Ce grand dieu commande de donner de divines offrandes aux dieux du ciel inférieur; il se tient devant eux et ils le voient. Ils entrent en possession de leurs champs, ils sont joyeux et ils deviennent ce que leur a ordonné ce grand dieu.

La majesté de ce grand dieu atteint ensuite la retraite d'Osiris. La majesté de ce grand dieu donne des ordres dans cette retraite aux dieux qui y sont. Ce grand dieu fait aussi les choses à faire dans cette retraite pour repousser Apophis par les incantations d'Isis et les incantations du dieu Chef.

Le nom de la porte de cette localité où s'élève ce grand dieu est « Porte d'Osiris ». C'est là son nom dans cette localité de la retraite mystérieuse.

La route de l'Ament où s'élève ce grand dieu dans sa barque *dser* quand il s'élève dans cette route n'a ni eau ni halage; il navigue par les charmes d'Isis et les charmes du dieu chef, par la vertu des paroles de ce grand dieu lui-même. Est fait le massacre d'Apophis du ciel inférieur dans cette région. Ses lieux (†) sont au ciel. Cela est fait, de la façon que c'est écrit, au nord de l'Ament du ciel inférieur.

Les charmes de celui qui fait cela sont . . . . . . sur la terre. Qui connait cela est parmi les âmes près du soleil. Sont faits les enchantements du chef et les enchantements d'Osiris. Ils font rétrograder Apophis loin de Râ dans la région occidentale. Cela est fait dans la région cachée du ciel inférieur et cela est fait sur terre pareillement. L'affligé (††) connaissant cette façon qui ne sait repousser Haher . . . . . Ce serpent du ciel inférieur a

450 coudées dans le sens de la longueur . . . . par ses replis. On lui rend ses hommages. Ce grand dieu ne monte pas vers lui; il détourne sa route de lui, vers la retraite d'Osiris. Ce dieu grand circule dans cette localité, à la façon de Mehen.

§ 4.

TOMBEAU DU PRINCE HOREMHEB.

Inscriptions hiéroglyphiques recueillies par E. DE ROUGÉ,
(pl. CIV à CVIII).

Hymne funéraire au soleil.

. . . . . Il dit : je vais à toi, j'adore ta beauté, je salue ta majesté aux deux moments (c'est à dire le matin et le soir). Place le scribe royal Horemheb à côté de toi au ciel, guide-le vers la demeure de tes favoris, qui sont derrière toi. Son nom est invoqué avec des acclamations par le Kherheb du seigneur d'Abydos, il est parmi les nautonniers augustes qui traînent le soleil vers l'occident, il se lève, il vit. Celui qui voit ses beautés vit, il est avec lui au ciel et dans le monde inférieur. Sa mère a enfanté le matin. Il était là comme un de ceux qui sont dans la société des dieux de Ro-stau, brillant parmi les esprits augustes qui sont à sa suite. Accorde que j'entre et que je sorte à mon gré, à la porte de ma chapelle, que je m'asseye à son ombre, accorde de me promener sur la rive du lac chaque jour, n'écarte pas mon âme de planer sur les branches de tes arbres. Celui qui réside dans l'Ament, le seigneur de Taser t'a accordé que tous tes règlements existent sur la terre, de flairer les choses sur la table devant le roi, que tu sois dans Kherneter sur la table d'Unnofer, que tous tes projets se réalisent sur terre, d'entrer près du roi, dans le lieu saint, que tu sois dans l'intérieur du ciel, que l'éclat t'illumine, que tu voies le soleil, que ton cœur aille à tout endroit que tu désires, comme tu étais sur terre, que ton âme auguste se rafraîchisse dans ta chapelle, que tu adores le soleil chaque matin et à son coucher, que tu sois parmi ses suivants, que tu saisisses la proue de la barque Sekti,

Râ est heureux quand il arrive au Tiau, les habitants de l'occident arrivent, (bis); il illumine le Tiaut. Alors il détruit les ténébres; ceux qui sont couchés rampent, ils vont au prince, smer-ua, maître du secret de la maison du roi, porte-flabellum à la droite du roi, grand chef de troupes, l'Osiris Hor-em-heb, le véridique.

§ 5.

STÈLE DE LA XII° DYNASTIE.

Du Musée de Boulaq.

Inscriptions hiéroglyphiques copiées en Egypte par
De Rougé, pl. VIII.

L'an 30 sous la majesté du vivant, le roi du Nord et du Sud,
Râ-shotep-ab, éternellement vivant; l'an 10 sous la majesté du
vivant, le roi du Nord et du Sud Khoper-qa-Râ, éternellement
vivant. Proscynème à Osiris, le dieu grand, seigneur d'Abydos;
au guide des chemins, Anubis, seigneur de Taser; qu'il accorde
pain, boisson, bœufs, oies, habits, toutes choses bonnes et pures,
de l'encens, la libation, les vivres, les provisions au double du
fidèle Antef. Que les grands de Mendès, les courtisans du
seigneur d'Abydos le protègent. Que ceux qui sont dans l'abon-
dance lui tendent leur bras dans la route, donnent les vivres.
Que les grands d'Abydos lui disent : « Viens en paix, » qu'il
entende les louanges à l'entrée du nome Thinite, à la fête Haker,
la nuit du repos. Qu'il passe les bras chargés d'offrandes faites
dans les fêtes du kherneter; qu'il navigue avec le grand dieu
dans le divin bateau vers la fente, qu'on lui donne une place
dans la barque *neshem* sur les routes de l'ouest, qu'il manœuvre
les avirons dans la barque Sekti, qu'il navigue dans la barque
Mat, lui, le fidèle Antef. Il dit : « tous hommes qui vous appro-
chez de cette tombe, si vous aimez votre roi, dites : » Protec-
tion à l'Osiris, le fidèle Antef, enfant de Khenh . . . .

Son fils qui l'aime fait vivre son nom dans ce temple, lui le
Kherheb Hotep, enfant d'Hotept. Il dit au double de son père :
« Proscynème à Osiris, le résident de l'Ament, le seigneur
d'Abydos. »

Derrière lui un petit homme : Amen-emhât, vivant éternellement, Tettaui, le Kherheb Hotep. Il salue celui qui est dans l'Ament, à la grande sortie, voyant la beauté du guide des chemins à la première sortie et Horus … … … …

Le père de notre personnage s'appelait Hotep enfant de Senb; ses fils Meri, Mentuhotep, Ameni, Ht'ra, Teta, Antef, ses filles Antefânkh, Qhu, Her; sa nourrice At.

La stèle se termine par un proscynème pour le fidèle Kherheb Hotep fils d'Hotept.

TOMBEAU DE PA-RA-USEM-F.

MARIETTE. *Monuments divers, pl. 61.*

Au haut de la stèle est représenté le soleil dans sa barque, adoré par deux cynocéphales et par deux hommes.

Au dessous un premier registre représant l'Osiris, scribe d'Ammon Pa-Râ-Usem-f, avec sa femme, la dame pallacide d'Ammon Niuhai en adoration devant le dieu Anubis. Cette scène est reproduite deux fois; dans chaque cas les personnages ont la tête tournée dans un sens différent. Dans un second registre on voit le scribe chef de la propriété d'Amon Pa-Râ-Usem-f et sa femme la dame pallacide d'Ammon Nihuai adressant à Osiris Unnofer, seigneur d'Abydos et à Isis la prière suivante :

Adoration à Osiris, qui réside dans l'Amenti, être bon, roi de l'éternité; dieu suprême, sorti de l'abyme, épervier puissant, roi des dieux, seigneur des esprits, maître de la terreur, seigneur des coiffures *atef*, grand à Khenensu, élevé, âme à Mendes, souverain au milieu de la société divine, maître des levers dans la maison du phénix, muni des hautes plumes de l'atef, seigneur de la double couronne, porte du ciel, (?) chef à l'ouest, dont ont peur les dieux et les hommes, qui fait la vérité et écarte les maux, qui purifie l'impureté, qui cache sa condition, qui voit la vérité, qui la connait aussi par l'Osiris scribe chef de la propriété d'Ammon, Pa-Râ-Usem-f, le justifié.

Il dit : « Salut à toi, dieu grand, qui réside à l'orient, souverain résident à Akhert, réunissant les *aryt* à ceux qui sont dans le Tiau, accorde une heureuse sépulture à l'osiris, grand scribe de la propriété d'Ammon, Pa-Râ-Usem-f, fils du juge Mér-en-Ptah le justifié de Memphis. »

Au dessous un troisième registre représenté l'Osiris grand

favori des seigneurs de Memphis, grand scribe de la propriété
d'Ammon, Pa-Râ-Usem-f avec sa femme recevant une offrande :

Est faite une libation d'encens à Osiris, résident dans l'Ament,
seigneur d'Abydos, à Ptah-Sokar, qui réside dans la retraite, à
Anubis chef de sa montagne, seigneur de Taser, à Hapi, fils
vivant a nouveau, à Ptah-sâa-r-mât, à Thoum-mâ-u ; qu'ils
accordent des milliers de pains, des milliers de cruches de bière,
des milliers de cruchons de vin, des milliers de bœufs, d'oies,
des milliers de toutes sortes de choses bonnes et pures dont
vivent les dieux à l'Osiris, grand scribe de la propriété d'Ammon
Pa-Râ-Usem-f. fils de Mer-en-Ptah, le justifié, de Memphis et à
sa sœur la dame pallacide d'Ammon, Niuhaï, la justifiée, de
Memphis.

Enfin un quatrième registre contient la prière suivante :

Proscynème à Osiris dans l'Ament, être bon, seigneur d'Abydos, à Isis, grande mère divine, à Nephthys la déesse sœur,
souveraine du tombeau, à Horus fils d'Isis, vengeur de son père,
à Anubis, chef de sa montagne, de la chapelle du Sud et de la
chapelle du Nord, à Mât, fille de Râ, souveraine de la balance
des deux régions ; qu'ils accordent tout ce qui parait sur l'autel
dans la demeure d'Osiris, de recevoir les pains devant eux
l'offrande de chaque jour en pains, bière, bœufs, oies, liqueurs, vin,
lait, encens, liqueur areh (?) toute belle plante, les plantes vertes.
Que je reçoive l'offrande à Ro-sta, la libation sortie du nou, que
mon âme aille où il lui plaît, qu'elle voie Horus comme l'horizon.
Qu'il boive, que ses membres poussent à l'Osiris favori des seigneurs
d'Ha-qa-pthah grand scribe de la propriété d'Ammon Pa-Ra-hir-
Usem-f fils de Mer-Ptah véridique et à la dame pallacide d'Ammon Niuhaï.

A gauche de la stèle sur deux colonnes est gravée l'inscription suivante : . . . . tu es puissant, ta parole est juste,
Osiris grand scribe Pa-Ra-Usem-f, justifié. Le Tiau te reçoit, il
cache ton corps ; Hud fait que ton âme se fortifie, que les vents
entrent pour toi dans ta châsse, qu'ils rafraîchissent tes membres,
il n'est pas brûlant, Osiris grand scribe de la propriété d'Ammon
Pa-Râ-Usem-f, le justifié.

. . . . tu es puissant, ta parole est juste, Osiris grand
scribe de la propriété d'Ammon, Pa-Ra-Usem-f, le justifié,

l'Ament fait une salutation à ta face, tu es reçu en elle en paix, les enfants d'Horus affermissent ton corps, ils réunissent tes os, Osiris scribe des jeunes gens de la propriété d'Ammon Pa-Râ-Usem-f, le justifié.

A droite de la stèle on lit ce qui suit, aussi sur deux colonnes :

Parole : Entre, Osiris, grand scribe Pa-Râ-Usem-f, les nains font les courbettes à la porte de ta chapelle, ta bouche est ouverte dans le coffret par Anubis, la cuisse de bœuf est coupée pour toi, la cuisse de bœuf est coupée pour ta personne, l'essence de

. . . .

Parole : Entre, Osiris, grand scribe Pa-Râ-Usem-f, justifié. L'arbre fruitier est vert, l'âme est à ton corps du Tiau. Tu vois le poisson abdu, sa place est à l'avant de la barque du soleil, tu vois Thot, la vérité est sur ses bras, Hor le beau (le reste est détruit).

§ 7.

LE PAPYRUS DE LEYDE I, 348.

II. Formules pour dissiper les terreurs qui viennent s'abattre sur quelqu'un pendant la nuit en face et par derrière.

Tu portes ta tête avec ton âme, la forme, ton image, ta figure avec ta forme, tes transformations. Esprits de toutes sortes, morts, pestes de toutes sortes au ciel et sur terre, voyez, regardez, c'est le seigneur au-dessus de tout, c'est Thot (?!) avec nous (?!!) c'est Uadjit, c'est le maitre du massacre dans la grande barque de l'enfant (?), c'est Thot (?) seigneur de vérité, c'est le seigneur de la vérité, c'est l'image de Toum, c'est l'image d'Arat et de Sa, seigneur du ciel.

Le ciel et la terre sont en flammes, le ciel est en flammes, les hommes et les dieux sont en flammes, tu dis ton incantation sur elle venue en son nom de mâ, (?) (vérité); garde toi de la flamme sortie du double horizon. A dire sur cette image écrite sur une bandelette de fin lin, la mettre au cou de quelqu'un, sans qu'on la voie (litt. il n'est pas vu) (??)

Ici la vignette en question représentant Isis et Nephthys dans une barque adorant Ptah. Derrière la barque un homme portant une momie.

III. Première formule contre les brûlures.

Certes, ... ta face, ô Horus, ô toi qui vois la flamme d'Horus. Ma bouche est dans l'eau, et ma lèvre est la lèvre dans le Nui. Viens, enferme la flamme. A dire ce chapitre sur une abeille (ou du miel).

Autre formule contre le feu.

Je suis Horus, accourant sur le pays, à l'endroit où est la

flamme de feu, dont la face est en feu, dont les choses sont en feu, où il n'y a pas de place où il ne soit pas. L'eau écarte le feu en disant : tu brûle, ferme les verrous (?) derrière nous. O Osiris reposant à Unnu, certes, mets-le sur la route dans la demeure dont la porte est puissante. Viens Osiris, parais à la voix de ce dieu qui est là. Tourne-toi à ma porte, devant mon image. Arrive le feu . . . . que ta personne l'éteigne par l'eau de la porte des mystères de la demeure (???) Le feu est dans le . . . . dans le . . . . dans les . . . . qu'on l'écarte avec l'eau blanche (?) comme font les serpents. Certes, elle est pleine de milliers de feux et de flammes. Graisse de bœuf (?), grains de . . . . . . mêler le tout, le lancer sur le feu. Paroles à dire : Moi je suis le dieu enfant (son nid??) brûle (??) le feu est dans ses membres, il ne le connait pas, et il connait le . . . .

CHAPITRE DEUXIÈME. — Poésie.

§ 1.

HYMNE AU PHARAON.

Inscription sur le fût d'une colonne près du grand obélisque à Karnak.

Inscriptions hiéroglyphiques recueillies par E. DE ROUGÉ, *planches* CLXXVII *et* CLXXVIII.

Ligne 1. Le vivant Horus, le taureau fort, le chef de la vail-l*   , le seigneur des diadèmes, le seigneur de la joie, couronné à T ebes, l'Horus d'or, qui s'empare par sa force de tous les pays, le dieu bon, image du soleil, émanation sainte de Toum, ... couronné à Apt, qui se manifeste comme roi des vivants . . . . le vengeur de son père, qui fait les choses excellentes, le très merveilleux, créateur, savant, habile dans ce qu'il fait, d'un cœur droit comme (celui de) son mur du Sud, le roi des rois, chef des chefs, le héros, qui n'a pas son pareil, le maître de la terreur dans les pays du Sud, le chef de l'épou-vante jusqu'à l'extrémité de Sati. Tous les pays vont à lui en s'inclinant, leurs chefs portent leurs offrandes, à lui le roi du Nord et du Sud, Aa-khopru-râ, le vivificateur, le seigneur de la victoire qui gouverne tout pays, qui est grand au moyen de son glaive. Les chefs du Maten vont à lui, avec leurs apports

Ligne 2. Sur leurs dos, pour implorer de sa majesté que son souffle doux de vie soit amené, c'est un acte de vaillance, qui n'a jamais été entendu depuis le temps des dieux. Ce pays, ignorant l'Egypte, est à prier le dieu bon. Mon père Râ m'a ordonné de faire le bien, il m'a placé comme gardien de cette terre; je le connais, il a été honoré par moi, il m'a jugé digne d'être auprès de lui, illuminant son diadème, tous les pays de plaines, tous les pays de montagnes, toute la zône des terres, la grande zône, ils vont à moi en inclinant la tête comme tout sujet de ma majesté, moi, le fils du soleil, Amenho tep-hiqus, qui vis à jamais, unique vigilant? chef des divines naissances. Il a fait ce monument à son père, ... il a fait des colonnettes splendides à la demeure Udjet du Sud, travaillées en or, très grandes comme une œuvre éternelle, il a fait le monument heureusement.

Ligne 3. Sa beauté est supérieure à ce qui a été, j'ai fait le derrière comme la façade, j'ai dépassé ce qui a été fait autrefois, tous les gens s'inclinent devant lui, j'étais un enfant au berceau, quand il m'a donné les deux moitiés d'Horus, il a accordé que ma majesté repose sur le trône, une chose splendide lui est faite, elle repose sur son trône, la terre lui est donnée dans ses districts. Je ne suis pas séparé d'aucun pays, je lui ai fait un sanctuaire en or, son plancher est d'argent. Je lui ai fait des vases nombreux et beaux, ils sont aux portes de son trésor, il est garni des richesses et des apports de tous pays. Ses greniers sont pleins de grains, s'élevant jusqu'aux murailles. Je lui ai fait la divine offrande, faisant pousser les grains, j'ai exécuté ce que je lui ai fait, moi, le fils du soleil, Amenhotephiqus, donnant la vie stable et pure comme le soleil éternellement.

STÈLE DE LA XIIIe DYNASTIE.

Inscriptions recueillies par E. DE ROUGÉ, *pl. CLV.*

1. Le familier royal, grand chef des favoris, Neb-Kemuï. Il dit : Salut à toi Khem, Horus

2. vaillant, seigneur de la bravoure, sorti vers Khebt, justifié devant la justice

3. qui enrichit ses compagnons, qui renverse ses ennemis,

4. protecteur de son père, qui frappe les rebelles, seigneur du diadème, qui a reçu la couronne *urret*

5. à qui a été donné l'héritage de son père, chaque dieu son cœur se dilate, la société des dieux est joyeuse.

6. Khem s'empare de son trône, il renverse les ennemis de son père

7. établi en seigneur de la crainte, Osiris qui reçoit la joie. O seigneur

8 avec qui est la terreur, sphinx qui massacre

9 ses ennemis, donne moi l'éclat au ciel, la puissance sur terre

10 le triomphe dans le Kherneter, ce qui paraît à la voix (?) à chaque série de six jours, breuvages, pains, bœufs, oies, ration de chaque jour,

11 d'être fidèle et de suivre comme Sokar, seigneur des embaumements

12 les pères, chefs suprêmes, le triomphe dans la grande salle de Seb.

13. Le familier royal, grand chef des favoris Neb-Khemuï, fils d'Hor-à et enfant de la dame Sefegt, la bienheureuse.

———

CHAPITRE TROISIÈME. — Récits historiques.

§ 1.

ROUTE D'ASSUAN A PHILAE.

Inscriptions hiéroglyphiques recueillies par E. DE ROUGÉ,
planche CCLIV. Cf. LEPSIUS DENKMALER, III, 81, 9.

En l'an 5, le 2 Athyr, ... sous la majesté de l'Horus,
taureau fort, couronné en vérité, seigneur des diadèmes, qui
établit les lois, qui apaise les deux régions, l'Horus d'or, le chef
de la Khopesch, qui frappe les Sati, le dieu bon, seigneur de
Thèbes, maître de la Khopesh, le brave, le vaillant, le roi du
Nord et du Sud Ra-neb-mât, fils du soleil, Amenhotephiqus, aimé
d'Ammon. Râ, roi des dieux, de Chnoum, seigneur de Coptos, le
vivificateur, on vint pour dire à sa majesté que le vaincu de
Coush la vile avait conçu une révolte dans son cœur. Sa Majesté
partit (combattit littéralement) lorsqu'elle entendit cela, pour sa
première campagne. Sa Majesté arriva à côté d'eux, comme
. . . . un épervier, comme Mentou dans la bataille. Elle
battit, tua, tailla le peuple du pays, comme un prisonnier vivant.
Elle prit parmi eux à son gré, détruisant et emportant les grains
de Coush la vile . . . . l'adversaire au milieu de ses soldats,
elle ne connut pas le lion qui était devant elle.

Râ-neb-mat est le lion redoutable qui est avec elle, qui (frappe?)
les chefs de Coush la vile, qui écrase les princes et les seigneurs
à travers leurs vallées, baignant dans leur sang l'un sur l'autre;
lui, le fils du soleil Amenhotephiqus, le seigneur de la Khopesc h
qui . . . . celui qui l'aime, le brave, qui donne la vie stable,
pure et saine comme le soleil éternel.

———

INSCRIPTION DE SILSILIS.

Inscriptions d'E. de Rouoé, *pl. CCLIX.*
Cf. Lepsius, *III, 175.*

1. L'an 1, Epiphi le 10, sous la majesté de l'Horus soleil, taureau puissant, aimant la vérité, protecteur de l'Egypte et oppresseur des barbares, l'Horus d'or, riche d'années, grand parmi les forts, le roi du Nord et du Sud, seigneur des deux régions, Râusor-ma-sotep-en-Râ, fils du soleil, seigneur des couronnes, Ramessu-mer-Amen, aimé du Nil, père des dieux qu'il a faits, donnant la vie stable et pure comme le soleil éternel.

2. Le dieu vivant et bon, aimé du Nou, le Nil, père des dieux, et le divin cycle qui est dans le Noui est la nourriture, la provision pour alimenter l'Egypte, celui qui fait vivre tout être par sa personne, les richesses sont sur sa route, les aliments sont à ses doigts, les hommes sont en joie à son arrivée. — Toi, tu es l'unique.

3. . . . . qui se crée lui-même, on ne sait pas ce qui est en toi. Le jour de ta sortie de ton sein (?) tout être était en joie, Tu es le seigneur des poissons nombreux, des uaht. Tu mets l'Egypte dans les approvisionnements. Il ne connait pas, le paout des dieux. ce qui est en toi. Toi, tu es leur vie. Quand tu sors, leurs offrandes sont multipliées,

4. leurs autels sont approvisionnés, ils font des acclamations à ton lever ; toi, tu les nourris, cherchant les occasions de faire vivre les hommes, comme le soleil depuis qu'il gouverne cette terre, réjouissant le Nou, l'amenant en paix. Ses divins chefs se joignent à la joie (c'est à dire sont joyeux).

5. . . . . il est aimé du père le Nil, fait le bien à travers le pays d'Egypte, crée son cœur lui-même. Il est brave, veille à

tout moment, pour chercher les vivres pour eux, multipliant les grains comme le sable, les greniers plient sous les provisions. Alors sa majesté chercha des occasions de (faire des

6 offrandes) au père de tous les dieux et aux divins chefs sur le Noui qui sont avec lui. Il est habile comme Thot, pour amener les choses qu'ils aiment. Aucun roi n'avait fait cela dans ce pays depuis le temps de Râ. Sa Majesté dit : puisque le Nil fait vivre les deux régions, qu'il y a des provisions et des vivres après qu'il a passé, qu'alors chacun vit à la place . . . .

7. . . . . après qu'il a ordonné que je connaisse le sanctuaire des scribes, qui est établi dans la maison des livres. Le Nil sort des cataractes, approvisionnant de pains les dieux; l'eau pure devant Khennou, approvisionne pour lui sa demeure . . . . . . , disposant, multipliant pour lui l'offrande purificatoire.

8 . . . . le seigneur des deux régions, Ra-usor-ma-hiq-us, fils du soleil, seigneur des couronnes, Ramessu-mer-Amen, donnant la vie éternellement . . . . et créant son cœur. Sa majesté ordonna de faire des offrandes à son père Ammon Râ, roi des dieux, au Nil, père des dieux, aux divins chefs sur le Noui, deux fois dans l'année devant l'eau pure de Khennou . . . .

9. Lieu saint, où il ne manque pas d'eau pour voiler les choses sacrées du ciel inférieur avec v. s. f. le roi du Nord et du Sud, seigneur des deux régions Ra-usor-ma-wua-Râ, fils du soleil, seigneur des couronnes, Ramessu-mer-Amen v. s. f. vivificateur comme son père Râ, chaque jour . . . . comme offrande, offrande à ce dieu dans les choses de l'autel le 15 Thot et le 15 Epiphi comme impôt de chaque année. Connaissance de ce qui est en . . . .

10 . . . . les millions et les centaines de mille, le roi du Nord et du Sud, seigneur des deux pays Ra-usor- mâ-mer-Râ, fils du soleil, Ramessou-mer-Amen, vivificateur . . . . cette offrande à offrir à tous les dieux du Nou, ce jour de jeter un écrit au Nil le grain qui est dans le grenier de la divine propriété d'Ammon Râ, roi des dieux.

———

§ 3.

INSCRIPTION DE KARNAK.

Inscriptions recueillies par E. DE ROUGÉ, *pl. CCI.*

1. L'an X, le 19 Athyr, dans la demeure d'Ammon Râ, roi des dieux, arriva le premier prophète d'Ammon Râ, roi des dieux, Amenhotep, le véridique, à la cour à colonnes

2 de la demeure d'Ammon. On le loua pour le charmer par des paroles bonnes, choisies. Chefs venus pour lui rendre hommage : le préposé au trésor du Pharaon, le royal . . . . . . Amenhotep, véridique.

3 le royal arksem (?) Nesamen, le scribe du Pharaon, le royal arksem (?) Neferqa Râ dans la demeure d'Ammon.

4 le second du Pharaon. Ils lui rendirent hommage et honneurs (¹) en ce jour sur la grande cour à colonnes

5 d'Ammon Ra, roi des dieux, en disant : soit loué Ment, soit louée la personne d'Ammon Râ, roi des dieux, l'Horus des deux horizons,

6 Ptah, seigneur de son mur du midi, seigneur de la vie des deux régions, Thot, seigneur des divines paroles, les dieux du ciel et les dieux de la terre.

7. Soit louée la personne de Ra nefer qasotep en Râ, fils du soleil, Kha Ra us mer Amen Messurer, le grand chef de l'Egypte, l'enfant

8. aimé des dieux, plus que . . . . , celui qui fait monter toutes les productions des champs, des marécages, du terrain.

9. Les hommes de la demeure d'Ammon Râ, roi des dieux, sont sous tes ordres, tu les conduis ils sont remplis de leurs amas, (?) tu donnes

(¹) Litt. furent dits à lui en louanges et honneurs.

10. . . .´. . . . tu leur fais faire l'approvisionnement (1) de l'intérieur des trésors, magasins, greniers du temple

11. d'Ammon Râ, roi des dieux alors avec les apports faits par les serviteurs du domaine (1) d'Ammon Râ, roi des dieux.

12. Oh! accorde que l'on apporte au Pharaon ton maitre, les choses faites par le bon esclave, fils du soleil au Pharaon

13. son maitre. Il est vaillant pour faire de bonnes actions à Ammon Râ, roi des dieux,

14. . . . . dieu . . . . pour faire de hauts faits au Pharaon, son maitre . . . .

15. . . . . ce que tu fais, vois, est placé à la face de ce préposé au trésor Panesseni du Pharaon.

INSCRIPTION DE TAKELOT II.

PIERRET : *Inscriptions inédites du Louvre, t. II, p. 89.*

En l'an X, sous la majesté du roi, seigneur des deux régions, Mer-Amen-Sa-Isi-t-Takelot, qui donne la vie éternelle, le 11 Pachons, fut le jour de la venue à Thèbes du puissant, œil du soleil, souverain des temples, de cette demeure de celui dont le nom est caché, sa ville, son domaine (?), le premier prophète d'Ammon Râ, roi des dieux, grand chef de troupes, prince Uasarkon, le justifié, le royal fils du seigneur des deux régions, Mer-Amen-sa-Isi-t-Takelot, vivant à jamais, pour sa bonne fête de Pachons. Arriva le prêtre qui entre dans la demeure d'Ammon en son mois, à Khou-Menu (Karnak) de troisième classe (pour rendre hommage . . . .) devant le chef de la couronne blanche, en disant : « Moi, je suis le prêtre qui entre à Ap-u, moi, je suis le fils du grand prophète d'Ammon, Her-Maut, fils du prêtre juge au tribunal de la couronne blanche, de T'erqt. Le père du père du divin père stoliste du dieu Pa-Pat-taui, a pris ma place, j'ai navigué en faisant arrêt à Thèbes. Je suis né dans son intétérieur, pourtant moi je n'entre pas dans le temple. « Est-ce qu'il n'est pas fait suivant tout ce que tu ordonnes, » dit le prophète d'Ammon-Râ, roi des dieux, ... du basilicogrammate . . . . fils d'Hor. Il se mit à se purifier dans le lac pur, il fit un sacrifice purificatoire de doura et de blé *sher*, faisant route vers Khou-Menu, l'horizon du ciel, sortant de là vers Abt, demeure sacrée de l'âme redoutable, grande salle de l'âme, parcourant le ciel. On lui ouvrit les deux portes de la demeure de Pa-Pat-Herui. Vit le stoliste le rayon. Il sortit joyeux, son cœur fut heureux, il atteignit la ville du ciel (?), il vit ce qu'il y a en elle.

CHAPITRE QUATRIÈME. — Inscription géographique.

EDFOU COULOIR DE RONDE.

Mur d'enceinte.

Inscriptions recueillies à Edfou par E. DE ROUGÉ. *pl. CIX.*

1. Nome anub-het' (memphite).

Il t'amène la ville d'Anubt-Het' (Memphis) avec ce qu'il y a en elle, Sha-t-ment avec ce qui en sort, l'image du dieu chef des grâces, la ville de Knertkhentnofert.

2. Nome nâ (?) (letopolite).

Il t'amène la ville d'Am-het' avec ce qui en sort, la ville d'Arit avec ce qu'il y a en elle, l'image du dieu âme vivante qui va vers An en paix.

3. Nome Ament (Apite).

Il t'amène la ville Hat-uar-Ament avec ce qu'il y a en elle, la ville Per-Khut-Ament avec ce qui en sort, l'image du dieu seigneur de la vaillance, qui abat les impies . . . .

4. Nome Sepi-res (Canope).

Il t'amène le nom Sepi-res avec ce qui en sort, la ville d'Hat-qa-n-Ra avec ce qu'il y a en elle, l'image du dieu très vaillant . . . .

5. Nome Sepi-há (Saite).

Il t'amène le nome Sepi-há avec ce qu'il y a en lui, la ville de Per-suten avec ce qui en sort, l'image du dieu . . . . dans le sanctuaire . . . .

6. Nome (Ka-set) (Choite).

Il t'amène le nome Ka-set avec ce qui en sort, la ville d'Hat-asu-Râ avec ce qu'il y a en elle, l'image du dieu roi des dieux . . . .

7. Nome . . . . . . ament (Metelite).

(Il t'amène le nome . . . . . . ament) avec ce qu'il y a en lui, la ville Hat-smest avec ce qui en sort, le dieu qui combat . . . .

8. Nome . . . . . . ab (Sethroïte).

Il t'amène le nome . . . . . . ab avec ce qui en sort, la ville d'Hat-Toum avec ce qu'il y a en elle, l'image du dieu . . . . . . qui protège son père contre ses ennemis.

9. Nome Ati (Busirite).

Il t'amène le nom Ati avec ce qu'il y a en lui, la ville de Khennut-n-mat avec ce qui en sort, l'image du dieu seigneur de . . .

.0. Nome Ka-Kem (Athribite).

Il t'amène le nome Ka-Kem avec ce qui en sort, la ville d'Aa-art avec ce qu'il y a en elle, l'image du dieu excellent . . . . . '. . qui abat Set, qui renverse (la demeure?) de Set à sa venue.

11. Nome Ka-heseb (Kabasos).

Il t'amène la ville d'Heseb-qa avec ce qu'il y a en elle, la ville de Per-Nekheb avec ce qui en sort, l'image du dieu très vaillant . . . .

12. Ka-T'eb (Sebennythite).

Il t'amène la ville de Nuter-teb avec ce qui en sort, la ville d'Hat-qen-t avec ce qu'il y a en elle, l'image du dieu (seigneur de la pique) qui coupe les têtes de ses ennemis.

13. Nome Hiq-âd (Heliopolite).

Il t'amène la ville de Hiq-âd avec ce qu'il y a en elle, la maison de la société divine avec ce qui en sort, l'image du dieu . . . . la demeure de son père, courant, excellent comme un justifié.

14. Nome Khent-abt (Tanite).

Il t'amène la ville de Khent-abt avec ce qui en sort, la ville d'Hor-hir-ab . . . .

15. Nome Tehut (Hermopolite).

Il t'amène la ville de Bah-mert avec ce qu'il y a en elle, la ville de Per-Aquert avec ce qui en sort, l'image du dieu. . . . .

16. Nome Khar (Mendaïte).

Il t'amène la ville de Khar avec ce qui en sort, la demeure de la société divine avec ce qu'il y a en elle, l'image du dieu à la forme brillante, à la belle face. . . . . .

17. Nome Hudt (Diospolite).

Il t'amène la ville de Hud avec ce qu'il y a en elle, la ville d'Hat-Maut avec ce qui en sort, l'image du dieu . . . . . du sud, chef excellent du cours du disque solaire.

18. Nome Am-Khent (Bubaste).

Il t'amène la ville de « l'enfant couronné de la couronne blanche » avec ce qui en sort, la ville de Nutert avec ce qu'il y a en elle, l'image du dieu . . . .

19. Nome Shr-dsr-peh.

Il t'amène la ville de « l'enfant couronné de la couronne rouge » avec ce qu'il y a en elle, la ville de Meht-Ut'st avec ce qui en sort, l'image du dieu seigneur des khou du sud . . . .

20. Nome Mau . . . .

Il t'amène le nome Maou avec ce qui en sort, la ville de Quesemt avec ce qu'il y a en elle, l'image du dieu guide des rois (?) . . . . . .

21. Nome de Nub.

Il t'amène la ville de Nub avec ce qu'il y a en elle, la ville de Per-Hor avec ce qui en sort, l'image du dieu qui abat les ennemis du soleil, qui en fait un grand massacre.

22. Nome Hor (?)

Il t'amène la ville de Mekheten avec ce qu'il y a en elle, la ville de . . . . . avec ce qui en sort, l'image du dieu . . . . . . (qui abat les ennemis?) de son père le soleil.

23. Nome Sah (ou meh?)

Il t'amène la ville de Sah avec ce qui en sort, la ville de Per-nt-qo . . . . . . avec ce qu'il y a en elle, l'image du dieu qui abat les impies (?)

24. Nome T'erti.

Il t'amène la ville d'Anit avec ce qui en sort, la ville de . . . avec ce qu'il y a en elle, l'image du dieu . . . . . .

25. Nome d'Hor-Abt.

Il t'amène la ville de Per-Hor-abtet avec ce qu'il y a en elle, la ville de Heft avec ce qui en sort, (l'image du dieu) . . . . . .

26. Nome d'Hor-Ament.

Il t'amène la ville de Per-Hor-Ament avec ce qu'il y a en elle, la ville de Hesfenu avec ce qui en sort, l'image du dieu . . . . . .

27. Nome An.

(Il t'amène le nome d'An avec ce qu'il y a en lui).

28. Nome de Temui.

Il t'amène la ville de Temui avec ce qui en sort, la ville

d'Hat-hen avec ce qu'il y a en elle, l'image du dieu vengeur...

....

29. Nome ....

(Il t'amène le nome ...... avec ce qu'il y en lui, l'image du dieu) vaillant pour faire les choses que tu dis, fort, vaillant, brave, courageux, tuant tes ennemis toujours.

30. Nome. ......

Il t'amène ....

l'image du dieu

31. Nome ......

Il t'amène le pays de Set (?) avec ce qu'il y a dans lui, tu fais un carnage de tes adversaires, l'œil du soleil grand ......

32. Nome ......

Il t'amène la ville de ..... urt avec le glaive pour faire un massacre de l'ennemi de ta personne .....

33. Nome Hor ....

Il t'amène la ville de Neshet avec ta grande image pour frapper (?) tes ennemis (?) ......

34. Nome Dem-du (?)

Il t'amène le nome de. ...... le bois qu'il y a en lui, l'image du dieu ......

35. Nome Per-Hapi.

Il t'amène le nome Per-Hapi avec les provisions, les pains ..

36. Nome Khen (?)

Il t'amène le nome Khen avec son eau pour ta demeure sacrée avec ses richesses ......

37. Nome de la ville d'Hôtep-peh.

Il t'amène la ville d'Hotep avec les provisions, les vivres ..

....

38. Nome de Keb (?).

Il t'amène la ville de Kebt avee son marais, pour approvisionner .....

39. Nome Men-asu.

Il t'amène les villes de Men-asu les demeures des seigneurs d'An, avec la ville de Mennu, oies, bœufs, veaux et toutes sortes de choses ......

40. Nome Xu-s (?).

Il t'amène .... avec ses apports, la ville de Hat-knemeti avec ce qui en sort ....

41. Nome Am.

Il t'amène la ville de Katef-amt avec ses provisions, la ville de Sam-hud avec ses vivres et ses poissons, l'image d'Ammon-Râ le dieu grand, seigneur de la plume, seigneur de . . . . . .

42. Nome Hat-snet'em.

Il t'amène la ville d'Hat-snet'em avec ses offrandes, l'ouverture du double ciel au bon endroit, la grande image . . . .

43. Nome Anebu.

Il t'amène la ville d'Anebt avec ses . . . . . pour rajeunir ton corps!

44. Nome . . . .

Il t'amène la ville de Shedent avec ses provisions par myriades, milliers, centaines, l'image d'Horus-merti, ...

45. Nome Ro-mer-nofer.

Il t'amène la ville de Ro-mer-nofer avec ses biens, son marais sacré (?) . . . .

46. Nome seh (?).

Il t'amène . . . . les verdures.

47. Nome . . . .

Il t'amène . . . . les plantes, les broussailles tant qu'il y en a, l'image d'Horus . . . . qui réunit les deux cornes, seigneur de Nest à l'endroit du ciel et de l'enfer.

CHAPITRE CINQUIÈME. — Inscriptions monumentales.

§ 1.

OBELISQUE DE PHILAE.

LEPSIUS. *Auswahl des wichtigsten Urkunden des ægyptischen Allerthums, pl. XVII.*

L'Horus soleil, l'enfant loué et vivant sur le trône de son père, palme trois fois, disposant ses naissances et taureau vivant, seigneur des deux couronnes de l'Egypte du Nord et de l'Egypte du Sud, qui réjouit les deux contrées, le roi du Nord et du Sud, Khou-nuterui-wua-en-Ptah-stp-en-Osar-kherp-Râ-ankh-Amen, le dieu excellent, aimé d'Isis, grande mère divine, donnant la vie, dame d'Aa-Uab (Abbaton), dame d'Aalek (Philae), souveraine des pays du Sud, reine des pays du Nord, divisant les tributs comme la marche du rayon solaire (1), aimé des dieux frères et des dieux évergètes et des déesses, éclat des deux dieux, donnant toute vie pure, toute santé, toute joie comme le soleil à toujours et à jamais.

L'Horus vainqueur, le chef de la vaillance, le seigneur des panégyries comme son père Ptah, père des dieux, le souverain comme Râ, le fils du soleil, Ptolémée, éternellement vivant, aimé de Ptah, avec sa femme, la reine, souveraine des deux régions, Cléopatre, dieux bienfaisants et brillants, aimés d'Osiris Unnofer véridique, dieu grand, seigneur d'Aa-req, roi des dieux, qui demeure dans Aah-uab-t, chef excellent dans les villes et dans les campagnes, du dieu Tum, son père, le dieu vénéré, donnant la vie comme le soleil à toujours et à jamais.

L'Horus enfant, honoré sur le trône de son père, l'émanation sainte du roi des dieux, choisi par Toum lui-même, le soleil Khu-n-nuterui-wua-en-Ptah,-sotep-en-Asar-Kherp-Râ-ankh-

Amen, deux dieux bienfaisants, aimé d'Amon Râ, seigneur des trônes des deux terres, qui réside à Thèbes, d'Uadjit qui est dans les terres d'Horus, du serpent Hâ beau dans les régions, du grand disque, qui circule autour du ciel, de la terre, de l'enfer, de l'eau, des deux montagnes de l'horizon, de la lune (qui sont là), du dieu grand seigneur d'Aa-uab, qui donne toute force, toute vaillance sur le trône d'Horus, parmi les vivants toujours.

L'Horus enfant, seigneur des barbares, fils d'Osiris, enfant d'Isis, qui a reçu la royauté du soleil de la main de son père, le fils du soleil, Ptolémée vivant à jamais, aimé de Ptah, le dieu excellent. C'est lui qui a élevé les deux obélisques à Maut d'Aat-Tes, la vivificatrice, souveraine d'Aareq, disposant la demeure dans Aat-uab-t, comme un bel ouvrage pour réjouir son cœur par ce qu'il a fait. Elle est auprès de lui, dans la grande royauté sur le siège d'Horus, parmi les vivants à jamais.

EDFOU. COULOIR AUTOUR DU SANCTUAIRE.

7ᵐᵉ CHAMBRE.

Inscriptions recueillies à Edfou, par E. DE ROUGÉ, pl. CLVII.

Le ciel se réjouit, la terre est émerveillée, les deux contrées brillent comme le spath du sud, Horus d'Hud se rend à sa ville de Mesen, le dieu grand reste dans sa grande demeure, sa majesté est heureuse de l'ouvrage excellent que lui a fait le fils du soleil Ptolémée, le vivificateur. Il lui a donné la récompence de ses travaux en (lui accordant) la durée et la joie du cœur.

Les Nègres, les Nubiens lui apportent comme tributs toutes les choses du pays des Nègres. Les Sati arrivent (?) chargés des produits de leurs champs, de toutes les bonnes choses de leurs terres, les Temehou pliant sous leurs vases, la terre de Lebi avec les grains (?), les Nehmneh chargés des choses de Pount et de tous les apports de Ta-nuter. Il est roi du Sud sur le trône d'Horus, parmi les êtres vivants toujours.

Le ciel est en joie, la terre est en jubilation, les terres brillent comme l'éclair parce qu'Horus d'Hud se rend à sa ville. Le dieu grand pénètre dans son temple, son cœur est content du grand monument que lui a fait le roi du Nord et du Sud, Aannterui-monkhui-sotep-en-Ptah-usorqa-Kherp-Râ-ankh-Amen. Il lui a donné comme récompense de son travail la royauté excellente et heureuse. Les pays du Sud s'inclinent devant sa couronne blanche, les pays rouges du Nord saluent sa couronne rouge, les pays de l'occident et les pays de l'orient saluent sa double couronne, les habitants des pays de plaine et de montagne s'inclinent devant sa couronne *atef*, les pays barbares se courbent et s'inclinent devant ses coiffures *atef*, portant sur leurs dos leurs offrandes, les Heru-sha arrivent amenant leurs apports et s'inclinent devant sa grande marche. Il est roi du Nord établi à jamais, parmi les êtres vivants toujours.

EDFOU. COULOIR AUTOUR DU SANCTUAIRE.

3ᵐᵉ CHAMBRE.

Inscriptions recueillies à Edfou, par E. DE ROUGÉ, *pl. CLI.*

L'Horus soleil, l'enfant qu'a élevé son père (1), le roi du Nord et du Sud, Aa-nuterui-monkhui-sotep-en-Ptah-usor-qa-kherp-Rá-ankh-Amen, Ptolémée éternellement vivant, aimé d'Isis, a fait son monument à son père, Khonsu, le dieu grand, résidant à Debt. Il a fondé le temple d'adoration, le plaçant sur ses fonda-tions, l'achevant. La construction est faite comme une chapelle, comme un ouvrage éternel, comme fait pas les mains de Sokar. Les récompenses envers lui ce sont la terre du Sud avec sa cou-ronne blanche, la terre du Nord avec sa couronne rouge, comme Rá-seneqeb. Il est roi, établi pour jamais parmi les esprits vivants toujours.

———

4ᵐᵉ CHAMBRE.

E. DE ROUGÉ. *Inscriptions d'Edfou, pl. CLIII.*

Le vivant, l'Horus soleil, Philopator, a fait ce monument à son père Horus d'Hud, dieu grand, seigneur du ciel; il a construit cette demeure à Hor-Khuti sur ses bases, élevant la construc-tion en pierre blanche et bonne de grès (1) comme un ouvrage excellent et éternel.

Ses récompenses sont la durée du soleil, les royautés d'Atoum, le pouvoir de Shou, le trône de Seb dans la grande demeure de justice d'Unnofre-má-kher, le naos (1) d'Hor-si-Isist. Il est roi, établi à jamais, parmi les êtres vivants pour toujours.

CHAPITRE SIXIÈME. — Genre épistolaire.

LE PAPYRUS 1,364 DE LEYDE.

LEEMANS. *Monuments du musée égyptien de Leyde, pl. 174.*

L'auditeur Mermât pour instruire la pallacide d'Ammon Hat-Hor qui est en vie, santé et force et dans les faveurs d'Ammon Râ, roi des dieux : « je dis à Ptah, seigneur de son mur du midi, à Pà-Râ-Hor-Khuti à son lever et à son coucher, à tous les dieux et déesses de Pa-Ramessu-Mer-Amen, à la haute personne de Pa-Râ-Hor-Khuti: puisses-tu te bien porter, puisses-tu vivre.

J'ai à te dire que je suis en bon état aujourd'hui, mais sans connaitre ma position de ce jour. Oh! écris-moi sur ma position par la main de n'importe quel serviteur qui viendra (ici ?). J'ai encore à te dire que j'ai obéi aux ordres que tu m'as adressés. Je dis aux dieux de Pa-Ramessu-Mer-Amen : puisses-tu aller bien. »

LE PAPYRUS DE LEYDE 1,363.

LEEMANS. *Monuments du musée égyptien de Leyde, pl. 173.*

L'auditeur Mer-su-atef pour saluer l'auditeur Heb . . . . . . Ptah qui est en vie, santé, force et dans les faveurs de Ptah.

Je dis à tous les dieux de Pa-Ramessu-mer-Amen : puisses-tu être fort, puisses-tu vivre. Avis : nous sommes en bon état aujourd'hui, mais sans connaitre notre position de ce matin. Ecris-nous sur notre position. Notre cœur est derrière toi, porte-toi bien.

TABLE DES MATIÈRES.

—